Die Tagebücher des W. A. Mozart

DIE TAGEBÜCHER DES W. A. MOZART

Illustriert von ihm selbst

Herausgegeben,
mit bisher unveröffentlichtem historischem
Bild- und Textmaterial sowie
einem Vorwort
von

EUGEN EGNER

HAFFMANS VERLAG

Satz: Fotosatz Michel, Gießen
Herstellung: Franz Spiegel Buch, Ulm
ISBN 3 251 00412 3

INHALT

VORWORT DES HERAUSGEBERS

Mit dem vorliegenden Band werden der Welt erstmals Mozarts Tagebücher im Originalwortlaut präsentiert. Dies ist eine ganz ungeheure, von niemandem erwartete Sensation, nahm man bisher doch mit absoluter Sicherheit an, Mozart habe nicht Tagebuch geführt. Es erfüllt mich mit unaussprechlichem Stolz, daß ausgerechnet ich es sein darf, der unserem Kulturleben diese spektakuläre, hochbedeutende Bereicherung zu kredenzen die große Ehre hat. Niemand wird mir widersprechen, wenn ich behaupte, daß es sich hierbei um eine Jahrhundert-, ja sogar Jahrtausendangelegenheit handelt.

Als ich vor einem Jahr eine Halbtagsstellung in einem Pfarrhaus antrat, um für einige Zeit als mißratener Sohn auszuhelfen, fand ich angelegentlich des Aufreißens eines Zwischenbodens diese Tagebücher. Wie bestürzte mich ihre Lektüre, denn sie eröffnete mir eine gänzlich neue Perspektive auf den Menschen und den Musiker, aber auch auf den Zeichner und Maler W. A. Mozart. Gewissenhaft von mir durchgeführte Überprüfungen der Dokumente räumten alle Zweifel an ihrer Echtheit aus, was mich nur noch bestürzter werden ließ. Weiterhin macht dieses Buch der Leserschaft bislang gänzlich unbekannte historische Bildnisse erstmals zugänglich. Auch sie haben der allerkritischsten Überprüfung standgehalten und sich als authentisch erwiesen.

Liebe Leserin, lieber Leser, seien auch Sie bestürzt!

Wien, im Sommer 1998
Eugen Egner

EXPERTISEN

Als ein ehrlicher Mann bekenne ich vor Gott dem Allmächtigen, daß diese Aufzeichnungen und Bildnisse authentisch sind und von meinem guten Freunde Wolfgang Amadée Mozart stammen. *Joseph Haydn*

Alles echt. *Beethoven*

Ja, diss sein die Original-Journale & Miniatüren vom Original-Mozart. *Gehorsammer Diener, Ihr Antonio Salieri*

DIE TAGEBÜCHER

den 28:ten Feb. 1769

Der Herr Papa insistiret darauf das ein musickus so nicht tagbuch führet, gar schieff gewicklet sey und ich mich solle täglich befleissigen all mein thaten und erlebnüsse wie auch gedancken getreülich niederzuschreiben. Ich aber wüst nicht was ich schreiben sollte.

den 5:ten März 1769

das schöne papier – ich mag nichts hinschmiren. der willen ist gut, allein wenn man nicht kann, so kann man nicht.

den 6:ten März 1769

mir ist ordentlich leyde um den schönen papier. ist viell zu schad vor meine miserable feder.

den 12:ten März 1769

auf der reise das journal aus der gutschen geworfen, allein der Herr Papa kauffte mir ein neües. Heülen und speiben. Sonst nichts gewesen.

den 18:ten April 1770

heut nach dem verfluchten clavier exercitium ist der Herr Papa erschröcklich in wuth gerathen und hat derselbe gebrüllet: Ey pfuy, das ist eine schande – der bub kann doch gar nichts! Ich schlag ihn tot, dann lassen wir ihn ausbalgen! Nu, wer weis, warum nicht. ein ganzes deller voll Vögeln gegessen.

den ersten Mai 1770

der General Schlageter lädt den Herrn Papa und meiner selbsten auf morgen als den 2:ten zum speisen ein. Ich soll ihm auf der Violin vorspiellen. Curios! Kränkte sich darob das Nannerl sehr und sagte, was wird der fex zum vorspiellen geladen, der wird uns keine ehre machen, kratzen tut er blos, daß man blut dabey schwitzen möcht. dreck! dreck! dreck! drauf tat der herr Papa sehr geheimnüssvoll und sagte, nu, nu, das hat alles seinen zweck.

den 2:ten Mai 1770

beym General Schlageter zum speisen, drei deller voll pommeranzen gegessen. Er war sehr höflich. nach dem speisen spiellte ich etwas auf der violin. hui sau; – sogleich schrie der herr general, potz himmeltausendteuffeln, der bub geigt ja die fliegen von der Wand, das ist ein mirakl. Ich werd dem Kriegsminister empfehlen, ihn als geheimmwaffe zu gebrauchen. Ihr Sohn wird guten Effect fürs vatterland machen zu seiner grösten Ehr und glory. ich seh schon im Feld den Feind umsincken und tod seyn so er diesen bestialischen lärmen höret. Leben sie recht wohl, Herr Mozart, ich gebe ihnen bescheid. – ich hätte gern mehr gegeigt, aber der Herr Papa that mich geschwind heim.

den 26:ten Juno 1770

ganz entsezlich Ennuirt

den 30:ten Juno 1770

wieder ganz entsezlich Ennuirt – zum teüffel mit der würcklichkeit und dieser gantzen scheiss Existenz! Am abend clistir mit gutem effect.

den 10:ten July 1770

nichts

den 13:ten July 1770

krangheit empfunden und mit gedult übertragen. Warum nicht.

den 19:ten July 1770

gar nichts erlebt. Auch schön.

den 14:ten August 1771

heut hört ich den Herrn Papa zur Mama sagen, mit meiner carrière beim militaire sey es nichts, da der kriegs-minister forchtet, mein Violin spiell könne das eigne heer vernichten. hehe. auch gut. Scheiss-militaire.

den 29:ten October 1771

wieder eine menge nicht gewusst. Fragt mich der Herr Papa ob ich denn dumm wolle sterben. Darwider hab ich nichts, tat ich ihm antworten, hauptsache ich bin tot. denn tot-seyn ist mein lieblings-leben. Warum auch nicht? Sonne geschienen, starck gewitter, abends dunckel.

den 8:ten August 1772

Zwey volle deller von prall wurst gegessen – ein genuß aber auch! Oder so was. Groß hitze.

den 7:ten August 1773

wieder nur hundsfütereyen oder so was. auf die letzt ein ganze bouteille von starcken wein bey der tafel getruncken. Nu, warum nicht.

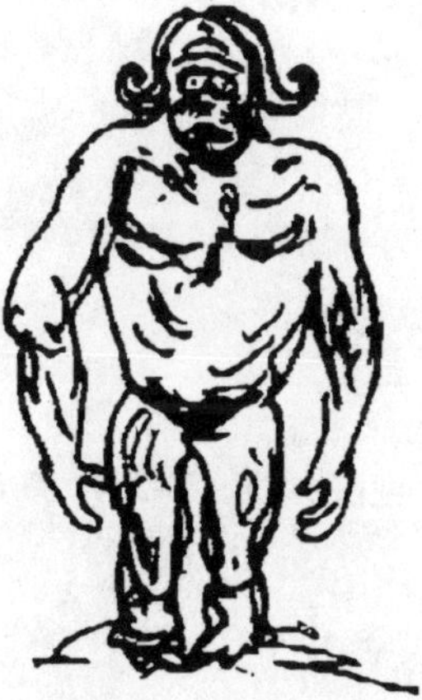

den 27:ten Februar 1774

entsezlich Ennuirt. Mitten in der nacht weckte uns die Mama, um uns zu sagen, das dunckel seye.

Dunkel

den 2:ten Dec. 1774

wieder offens leibs, räthselhafftten dreck geschissen. wie ich ihn recht anschau, so seh ich, es sind haare und kleine knochen darbey. o räthsel, o dreck, o wunder. – Räthseldreckwunder!

den 12:ten Dec. 1774

Mit fremden frauenzimern und Manspersonnen in der unterstadt Randallirt, viell aufsehens gemacht. schlagende wetter im wein. später geregnet. Mondschein. Kalt.

den 25:ten Dec. 1774

zum lieben christ einbeschert, neües journal bekommen. ey pfuy geschryen. Maulschelllen. zur mess. in Domm. Geschneit, nachtmahl beym hagenauer, Nudeln mit hut. Nesnaschroll brillaboll.

den 9:ten Jänner 1775

um halb 9 uhr zum Papa und gefragt was ich izt einmal soll komponirn – hüpsch wetter. Hernach ganze Bögen mit mühsammen kleinen Noten vollgeschrieben, die mein bester vatter am Nachmittag eigenhändig verrissen und dabei wiederhollt geschrien, alles sey schlecht und grundfalsch. Forcht vor der scheiss Musick. auf den Abend zum erschröcken viel geregnet.

(Aus der Zeit zwischen Januar 1775 und März 1780 sind keine Eintragungen überliefert.)

den 5:ten März 1780

vormittags schon verdruß mit der Nacht Musique, um 10 uhr in Mirabellgarten Bratschen vernichtet, schön wetter, abends neuerlicher verdrus, nicht mehr gewußt wie die Domm Orgel, die Schand Canaglie, zu spiellen sey. In den Discant geschissen.

den 29:ten März 1780

Nach der 4 uhr Mess. abscheulichen Auftritt mit dem Herrn Papa gehabt wegen den Pianoforte. Ihm gesagt, ich bin kein Musikus, werde gewiß nie was gescheudes in der Musique machen können und schämme mich ordentlich. seyt tägen nicht mehr offens leibs. Hernach tarock gespielt, abends lust mich aufzuhencken.

den eilften May 1780

gottlob und danck glücklich wieder als ich selbst am Morgen erwachet, um 10 Uhr in den Cathedrale Domm und zu Ehren seiner Hochfürstlichen Gnaden, des gnädigsten Landes Fürsts und Erzbischofs in tiefster Unterthänigkeit für alle empfangene Höchste Gnaden ein himmlisches Magnificat executiren wollen, wie ich aber hin kamm, so waren die Musicker besoffen und alle nothen aufgefressen. Um ¼ über 12 uhr spatziern mit dem teuern Herrn Papa. Ihm 1000fach recht unterthänig die hände geküßt und auf knien gelobt, in der Kirchen Musick allzeit tüchtig zu seyn. Gesagt, die Ehre und mein Seelenheyl ist mir über alles. Relle ralle rupp – Kwu kwäck garull!

den 13:ten September 1780

heute morgen wieder einen neüen dreck geschissen. O dreck – es waren kleine zähne darinnen. Auch schön! Warum nicht? In bett geleegen, abends sauffen. Soll mich gott doch straffen, wenn er kann!

den 28:ten September 1780

Zum frühstück guts glas starcken wein getruncken voller glückseelickeit. Beym Cannabich zum tarock karten spiellen, war wieder alles voller bassett hörner. Wissen sie, Mozart, sagt er zu mir, wenn ich in dieser bösen zeit meine bassett hörner nicht hätt, nu, wer weis, ich wüst nicht. Kurios! So gieng ich den augenblick wieder weg. Starcker wind. Mond, dunckel, geregnet.

den 9:ten Oct. 1780

spiellte irgendwo ein concert, ganz entsezlich Ennuirt.

den eilften November 1780

bey tisch erzählte die Mad:me Cannabich, dem Erzbischof sollen beym hantiern mit butter der daumen und der zeigefinger dermaaßen ohnglücklich übereinander geschnipset seyn, daß er immediater in psychiattrische behandlung muste. Auch schön. Nu, warum nicht? stogoll stoz spatziren gangen.

den 31:ten Nov. 1780

Ich wüst nicht, was ich schreiben sollte.

den 5:ten Decembre 1780

gestern ist die neüe opera vom Nannerl in scena gangen. Ich konnt nicht hin, weil ich das laxiren hatte und das scheissen abweichen forchten mußte. Mich darob sehr gezörnet.

den 6:ten Dec. 1780

Ich glaub ich soll auch eine opera schreiben, heülen könnt ich, den dieses versezt mich in die allerkrittischste laage. Wie erschröcke ich vor diesen gedancken! Ganzen tag geschneit, o schnei, o tag, o ganz, schnölb schraddellidder.

den 10:ten Dec. 1780

am morgen aufn heisl kleine zahnräder im dreck. Das ist doch kommisch, denk ich mir, wie ich schon so bin. Nach=mittags der gräfin Zizi und der gräfin Thun salzbourgermaaßen mein geburtshauß gezeigt. Steht man dafür so siehet man es von vorn, geht man herum so siehet man es von vorn. Um 13 uhr 42 ostgotischer zeit zum mittag essen beym Herrn Generalluftvermesser von Kreuznach Kapot-Kobot. Der hatte das schmeissen. Warum auch nicht? Er regalirte uns mit zechwein, speysekuchen und seyffe, legte auch mehrerntheils eine schöne wohlredenheit und denkungsart an tag, sagte nemmlich: das Centrum bleibet allemal der arsch. – Uns war wohl, der lärmen muß weithin hörbaar gewesen seyn. Nicht geschneit.

den 20:ten Dec. 1780

heüte ist der fünfte tag daß ich an dieser Sinfonie kritzle. Diese Unannehmlichkeit wünsch ich mir wohl herzlich vom Halse, wie vielle wichtigere Sachen hab ich nicht im kopfe! Alles voller bodenloosickeit. Kalt wetter.

den 24:ten Dec. 1780

nichts gewesen

(Aus der Zeit zwischen Dezember 1780 und Februar 1784 sind keine Eintragungen überliefert.)

den ersten Febr. 1784

Poz Element, Europa, asia, jesuiter und kein End schwere noth – kriegt mein Weib, das alte Lueder, doch ein Kind vom Salieri! Der hund, der Elende Notenschmierer, der Säüffer und hurrer – schwängert eine nach der anderen! zuerst wollt ich mich Totschüssen, doch das Terzerol ist im Pfandhaus. – Mit dem Beethoven zum Sculpetti, der Beethoven, ja das ist ein sehr gutes genie, ein waahrer freünd! gesoffen wie die Kuhrfürsten.

den 10:ten März 1784

meine liebe schwester das Nannerl hat sich billetten drucken lassen: Marianna Mozart – Wuchtig-Elementaare TrotzMusique. – schon wieder ist eine Oper von ihr mit vielem beyfall aufgeführt worden. warum nicht, kurios! und doch kann ich es fast nicht glauben. sie ist auch gros und dick geworden, daß ich sie fast nicht mehr kenne.

den 4:ten Dec. 1785

der Salieri cujonirt mich zu Tod indem er wieder und wieder unsere thür vernägelt. was ist das für eine Manier?

den 7:ten Jan. 1786

kommt die frau doch schon wieder mit einem Kind vom Salieri nieder! drauf hab ich die thür von innen vernägelt. seit tägen komm ich nicht zum Maalen. Maaßlooser Ennui. pfuy wurst.

den 11:ten Feb. 1786

ein durchreisender Virtuoso der Rasende Recorder von Schweinfurth geheißen gab gestern ein Concerto im theater und hat viell aufsehens gemacht: ein wüster karackter. am end hat er alle sonaten erstochen, das publico rasete mit. es heißt, das Nannerl soll neüerdings eine Affaire mit ihm haben. Ey pfui.

den 25:ten Feb. 1786

der Süßmayer hat eine uralte uhr in einem Graab gefunden. die bracht er gleich zum uhrmacher, vielmehr zum großvater des uhrmachers, also zum uhruhruhrmacher.

den 19:ten Juni 1786

das Nannerl zieht gegenwärtig mit den Hilfstruppen des Rasenden Recorders von Schweinfurth durch die Welt. heut bekamen wir post von ihr aus dem Kanton America. wer soll mir inzwischen die Concerten und Sinfonien componirn? Ich werd den Salieri bitten müssen.

den ersten Aug. 1786

nachdem ich das drittemal angefragt läßt mir der Salieri bestellen, das er nichts für mich kann componirn, weil er so beschäftigt ist mit frauen Schwängern und lichtleitungen verleegen, der hundsfut. Heüt hat er schon wieder unsere thür vernägelt. er soll mich lecken ohne end.

den 30:ten Aug. 1786

gott lob und danck ist das Nannerl glücklich wieder da, ganz dünn ist es worden draussen in der welt. beym nachtmahl hat sie mir sogleich die benöthigten stüke hingeschmirt auf einen schiss.

den 19:ten Oct. 1786

Das ist curiös! die frau hat schon wieder ein kind vom Salieri bekommen! vor schrocken bekam ich das schmeissen: es waren büreau-Klammern im stuhle! O Welt! o anusköpfiges schicksal!

den 21:ten Jan. 1787

erst heüt fand ich dies Jornal wieder nachdem ich es über ein viertel Jahr gesucht. auf dem heisl vom Nannerl lags, als arschwisch haben ihr die letzten seiten gedienet, nu, warum nicht!

den 22:ten Jan. 1787

von einem alten stock welcher im Boden steckt erfuhr ich: vom Beethoven hat mein Weib auch ein Kind! Chartheüser, Capuciner, heil:kreüzer herrn, alle bärnhäüter, spizbuben, hundsfütter, Cujonen und schwänz übereinander! Die dreck Sau! der liederliche socius! nur der gedancke macht mich schon vor wuth zittern – nächtens beym Sculpetti, mit dem Haydn das universum versoffen.

den 17:ten Feb. 1787

Grauen und Eckel vor dem miserablen Elenden Pianoforte. Schon mittags sternvoll, mit dem Paumgartner und etwelchen Frauenzimmern das clavier angezündet. Also war der Tag nicht fruchtlos. Abends in die wirthshäüser und sauffen. schön wetter.

den 3:ten April 1787

neües giebt es nichts.

den 29:ten Juny 1787

wieder nichts gewesen

den zweyten July 1787

schon wieder gar nichts neües.

den 4:ten July 1787

vor verdrus möcht ich Pomeranschen scheissen! Nu hat die frau ein kind vom Haydn gekriegt, das ist doch zu arg. ich kann meine Ehre durch nichts anderes retten, als daß ich Satisfaction deswegen begehre. nächster tägen werde ich dem hundsfüttischen buben auf öffentlicher gasse einen tritt im arsch geben.

den 31:ten July 1787

Das Nannerl hat mir die Don Juan-Oper hingeschmirt, da les ich in der zeitung, daß mir der Salieri, das Vieh, mit einem Werke gleichen titels ist zuvor gekommen. Kann ich also meine Opera wegschmeyssen und Lastwagenfahrer werden. Ich bring ihn um, den Salieri! Am nachmittage Beethoven um Gift angegangen, der aber stellete sich taub. Wuth und Verzweyfflung!

den 25:ten August 1787

irgendwas war, hab aber vergessen, was.

den ersten Sept. 1787

Bluterguß hintern rechten Ohr, mag auch seyn hintern linken. Muß mich das saubre Ehweib im schlaffe mit einer Dach latten geschlagen haben. Und alle Welt jubelt diesem Salieri zu! Er machet sich beym publico beliebt mit seiner welschen Katzen Musick, derweilen unsereins zuhauß kann sitzen und Pullover stricken. Bis zum Abend nichts als einkauf und abwasch.

den 10:ten Oct. 1787

nach der 10 Uhr Messe dem Salieri ein Post-Pacquet gesandt, worinnen ein vergiftetes Pianoforte befindlich. Und hülft dieses nicht, so erstech ich ihn in der Badewannen.

den 14:ten Oct. 1787

Mad:me Weber erzählte, ein gewiser Mayer, Meyrinck, Maibach oder wie der kerl heißet, könne als tonsetzer nicht reüssiren, weill kein Musicalienverleger etwas von einem Componisten wolle veröfentlichen dessen nahme mit *Mayer, Meyrinck, Maibach oder wie der kerl heißet* müsse angegeben werden. Und dann? fragte ich. Doch da war die lustige histori schon am end, kreutz sapperment. Herbst wetter, nachts kein licht.

den 2:ten November 1787

nach der Singeacademie mit den Weberschen und dem Süssmayer prallwurst im prater gegessen. kam der Schickaneder und gaab uns kleine pillulen, daß wir kaum noch zwischen Domm und sperrstunde hindurch paßten. alsdann zum Beethoven, unter seinem fenster ein fatales notturno aufgeführt ad libitum: Beethoven, alter salatschnauzer, fischplattler, schneyder gottes, panoramascheibist! trägst kleidchen aus waschlappen und Hosen aus rinde! – der Beethoven indes hörte gar nichts darvon, warff also auch nicht mit seinem werkverzeichnüß nach uns. gar lustig und kindisch waren wir. Vor lachen kriegt ich schier das schmeissen.

den 19:ten November 1787

Man verlangt von mir, ich solle 40 Sinfonien schreiben, da wandelt mich die frostigkeit des Todes an. doch das Nannerl schmirt sie mir hin. Gralch! Branz! kalt wie in winter.

den 15:ten Dec. 1787

ein winter wie die Welt noch keinen zweyten erlebt hat. Heuer haben wir ganz darauf vergessen das gartenClavier rechtzeitig herein zu hollen. Nun bersten ihm im schneesturm dö spanten und BesanBordüren nur so weg. Wir trinken spirituosen von großer hefftickeit und lachen unser in winterschlaff. Ganzen tag geschneit wie's halt schneit. zur frau gesagt: wir müssen das gurken fass winterfest machen.

(Aus der Zeit zwischen Dezember 1787 und Juni 1789 sind keine Eintragungen erhalten.)

TAFEL I

Bildnis mit Vollbart und
selbstgemachtem Haarschnitt
(Gemälde von Ludwig van Beethoven)

TAFEL II

Nannerls Visitenkarte

TAFEL III

Nannerl Mozart
auf dem Höhepunkt ihrer Karriere
(Gemälde von Gylowski)

TAFEL IV

A. Salieri
(Kupfer von Chodowiecki)

TAFEL V

Die Sängerin Rocchetta
(Stich von Jerome Weiglé)

TAFEL VI

Dieses ist
das Mittel,
wers es nimmt,
hat Barons
Geld
im Überfluß.
Dein Glück
ist gemacht.
Ein Freund

den 18:ten Junius 1789

Am vormittag zum einkauff in die stadt. die beste zeit und krafft vergeudet, um teigwaaren stundenlang herumgelauffen und nirgendwo welche bekomen. Man wird vom haushalt zu tod cuioniert. nach mittags Arie des oberförsters: Die Tiere des Waldes haben Geld wie dreck, begonnen. Gleich wieder aufgehört, da alles ganz ohne geist und feuer. Die Mademoisellen Aff und Fax gekomen, da sangen wir vierhändig quadrupelfugen aus dem handelsregister. Um 9 uhr hatten alle flöh, ich sie heimgeführt, wie ich schon so bin. Beym Sculpetti starcken wein getruncken.

den 26:ten Juno 1789

Wie alle tage um 6 uhr kamm der friseur und weckte uns. doch weder die frau noch meiner selbst konnte aus den bett. so erwogen wir, aufeinander einzuprügeln um wach zu werden, waren jedoch zu müde. Nach und Nach – kam der abend!

den 27:ten Juno 1789

Von früh bis spät immer dieses mühsamme existiren!

den 23:ten July 1789

mit dem toten Papa, dem Nannerl und der frau nach Klavier-Heidenstätt gefahren. Da waren wir dann aushäusig und gleichzeitig nicht daheym. Gefahren wie man halt so fahret. abends wieder heim gefahren, die gutsche immer um uns herum, hagelkörner oder schloßen so groß wie hagelkörner oder schloßen.

den ersten August 1789

Der Da Ponte ist ganz zur maschinendichtung übergegangen, das ist der einfluss derer würcklichkeyts zertrümmerer zu Paris, welche daselbst unter leitung des ErzSurrealisten Kaffka gott läugnen und das universo krümmen. schmirt mir halt das Nannerl das libretto hin. die musique schreibt sie mir eh. Affen hitz.

den 30:ten August 1789

Haydn beym einkauffen getroffen. Seyne frau will 6 paar schue und ein schlafgewand mit nachtglocke. Beethoven componire nichts mehr, sagt er, sondern verschlinge nur noch klobassen und glumseklopse. brüll hitze brillabol hupp hotz.

den 4:ten September 1789

der lichnowsky will die neüen quartetten im Schwimmen spiellen lassen.

den 14:ten September 1789

Bassettbürsten mit saum bestellt und etliche leidlich gerade stöcke.

den 17:ten September 1789

alle täg nur papier voll schmiren und wegwerfen. die finger brennen mich ganz vor lauter schreiben und ich empfinde krangheyt.

den 24:ten December 1789

Um 10 uhr Morgens das scheissen bey hof gesehen, schön wetter, bis tief in die Nacht entsetzlich vielle geschäften, welche bestanden im trinken, essen, schreyen und leute stöhren. Auf öffentlicher gasse rauschig den blosen arsch hergezeigt. Nägel gebissen, abends geschneit, wie's halt schneit. Schnött.

den 12:ten Januar 1790

Mit Beethoven, Haydn und Dittersdorf beym Sculpetti. arbitraires componiren beschlossen. Gefroren. Gassen spiegelglatt, auf die fressen gestogollstotzgestürtzt. Kalt wetter.

den achten Februar 1790

die Bellhammelsche truppe ist sammt aufblasbaaren Opera hauß von himmel gefallen. Sie haben izt ein vortreflich schöne sängerin, eine riesin nammens Mad:selle Rocchetta, die mein geblüth starck in wallung bringt. o herrlicher arsch oder so was! Die natur spricht in mir so laut, kann mir nichts nöthigers denken als diese frau. fragt ich also den Bellhammel, ob ich ihm ein neües singspiell im modernen styl für seine truppe soll machen. Er sagt, sofort, warum nicht, Ey beleybe! Herr Mozart, hier ist das textbuch oder so was, und schreiben sie der Rocchetta nur hüpsch ein paar scharmante arien hinein, damit sie Effect kann machen. – Niemand hat die riesin bis anhin singen hören. Ihre stimme soll schreckbar seyn und viell geld erwerbe sie sich mit ihrem leibscapital.

den 22:ten Feb. 1790

die sängerin fleisig besucht. sie sagt, ich solle meinen naamen gänzlich ändern und mich fortan Glamfadox von Glammfidder nennen. geschneit.

den 10:ten März 1790

Großes gemählde begonnen welches das Große Unterhosen von 1786 daarstellt. Wenn ich ein bischen Zeit finde so male ich ein Stückchen wieder daran, vors erste mus die Aria für die riesin fertig werden. Ich weis nicht wo mir der kopf steht, hab auch ganz darauf vergessen wie zu componirn sey. irgend so was mit nothen und tönen halt.

den 17:ten März 1790

beym Dammenherrichter Geld verthan: 10 paar Schue und complett neüe prächtige garderobbe für die riesin-Rocchetta. Sie aber ganz entsezlich Ennuirt, tracktirt mich mit den grösten Sottissen und impertinenzen und ihren falschen kalfactereyen.

den 19:ten März 1790

heüte wieder die riesin besucht. ihr praesente mitgebracht: mehre längliche dinge mit klumppen dran oder so was. warum nicht? über die Adria discuttirt, dann wollten wir zusammen lustig seyn. Hinnach hat man mich besoffner in der Sängerin Bette ganz ausgezogner gefunden. An die wand geschrieben stand von meiner hand: Kaufft hundegeld! – Warum??? Mir ist, daß ich in meinem kopf nicht recht richtig muß gewesen seyn, mich mit diesen fraunzimer ein zu laßen. Alle welt sagt mir iezt: Sie hat keinen gusto auf Dich. Ist auch schon abgereiset.

den 15:ten April 1790

nichts

den 28:ten April 1790

immer noch nichts

den 6:ten May 1790

die freymaurer sind an allem schuld. clistir das kracht.

den 23:ten May 1790

der herr praelat Fischer führt die zweytfrisur im klingelbeutel mit. mehr war nicht zu erfahren, langweilige zeit.

den 27:ten May 1790

Das Nannerl macht erschröckliche experimenten, das theater immer gestrozt voll, wenn sie was aufführt. nennt sich neüerdings Tungusen-Suse und reitet auf einem schwein.

den 15:ten August 1790

hoffentlich ist dies jahr bald um

den 26:ten Januar 1791

wieder voller wuth eine Musick bewerkstelligt, schöne schiefe töne, und in dem maaße in dem mein zorn wuchs, wurden die noten immer wüster, wie beym gallopp reiten geschrieben, zulezt kannt ich die Musick nicht mehr, so sehr überschritt sie alle ordnung, maas und Ziel, ich kannt mich ordentlich selbst nicht mehr. Ich drückete meine leidenschaft bis zum Eckel aus, die Musick geriet in die schaudervollste laage, lauter fremde Töne wählete ich, welche das ohr aufs infamste beleidigen. Wer dies hört wird nie wieder schlaffen können und verreckt vor wuth und Hass.

den 9:ten Februar 1791

neüe wohnung bezogen: holzhaus mit kurbel in der Trottelsauffgasse 10. Wohlfeil.

den 12:ten Februar 1791

mit dem Beethoven und dem Salieri gewettet das ich ohn Hülfe vom Nannerl binnen vierzehn täg ein Oratorio kann hinschmirn. nu, warum nicht? ich wüste nicht warum nicht. nu, und um was gehet die wette: ja, um nichts geringeres denn um eine million Dugaten.

den 17:ten März 1791

Der Salieri hat mir das Oratorio mit dem Titel: Unsre arsch als friedenszeychen, gestohlen und unter seinem namen mit gröstem beyfall gegeben. Susamariafürchtegottgrindsalatmotor! Ich tobete darob sieben täg. Regen.

den 2:ten April 1791

über nacht ist mir ein capitaler vollbarth gewachsen und geht nicht mehr ab. Kurios! Warum nicht! Ich werde mich deswegen aber um kein haar verändern und es als ein geheimnüss hüten. Bey gott, von mir soll niemand ein Sterbenswörtchen darüber hören.

den 10:ten April 1791

der frau das geständnüss gemacht das ich insgeheim einen capitalen Vollbarth trage. Ob meine ursachen sotanen barth zu haben gut gegründet seyen und ich es auch schriftlich ausgemacht habe, fragte sie. Es sey nemmlich eine schriftliche legitimation des Magistrats nothwendig welche ein halbes jahr vorher zu beantragen. ich verfaste die petition also, liess auch ein portrait von mir mit vollbarth malen. Nu, man muß abwarten.

den 13:ten April 1791

Schräubchen und muttern geschissen. mir wird dabey schier selbsten bang.

den 14:ten April 1791

es war mir gestern immer als müsse ich eine idee haben – allein, mir fiel es nicht ein. heut aber als ich so schön frisirt auf dem Ball tanzte, hatte ich den glücklichen gedancken: wer kann schräubchen, muttern, zahnräder und so was scheißen, der muss auch können geld scheissen. Und das traue ich mir in der That zu, ohne mir viel darauf einzubilden. holl mich der teufel – es darf keine blosse unmöglichkeit seyn, ich muß nur das rechte laxativ finden, ein alchymistisches kunst stück ist von nöthen. Dann bekämen meine umstände eine andere Wendung!

den 16:ten April 1791

gestern hab ich ein Concert bey hofe gespiellt. ich spiellte so gerad auf ungewis, auf glück und dreck. der kayser war sehr gnädig gegen mich und gab mir hernach ein laxativ und sagte: hier haben sie ein laxativ drauf. Dann namm er mich hernach beyseite und hat heimlich vielles mit mir über meinen barth gesprochen. Er versprach sich für die bewilligung durch den magistrat recht sehr einzusetzen. dann gab er mir ein laxativ und sagte: da haben sie ein laxativ drauf. er fragte: Aber bey ihrer Ehre als Teütscher: ist er echt, der barth? Majestät, sprach ich, er ist all echt und all mein. Da hat er mir bravo gesagt und: hier haben sie ein laxativ drauf. Zum abschied schenkte er mir ein werkverzeichnüss. Auch schön. Nu, warum nicht?

den 17:ten April 1791

laxiert weil es der kayser also gewollt

den 18:ten April 1791

laxiert und sonst nix

den 19:ten April 1791

laxiert, aber geld kommt keines heraus. B'schiß!

den 20:ten April 1791

geld scheissen: das ist hart.

den 28:ten April 1791

immer noch kein geld abgeführet, jedoch unerwartete Nebenwirkung beobachtet: mit einemmal sah ich alle menschen um ein merckliches verändert ja aufs entsezlichste verzerrt. zunächst ergriff mich starcker schrocken daß ich wähnete ich sey Unsinnig geworden und müsse ins asylum. nach und nach aber dacht ich bey mir, dies ist curios. wer weiß, überlegte ich, vielleicht sollt ich diesen würcklichkeyts-anamorphotischen Effect conserviern? in einem raptus ohnegleichen zeichnete ich unter hitzigem eindundcken der feder ins dintenfas etliche portraits:

vom Nannerl

vom Beethoven

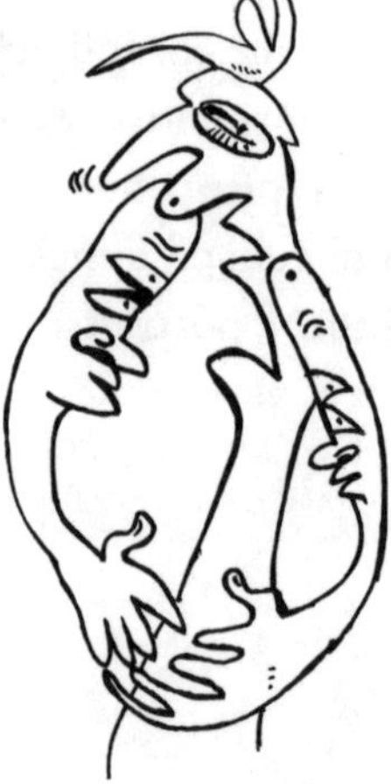

vom Haydn

vom Salieri

und eins von mir selbst.

darzu mußt ich unter zwang allzeit ausruffen: Anmöbel, abmöbel, auff & nieder=möbeln, auszumöbeln, Möblament. Infame Sachen sind das!

den 30:ten April 1791

seit heüte ist das Närrische ruffen und anamorphotische Sehen wieder abgeklungen, fast schade, das war wohl ein dummer streich vom herrgott. mir scheint, die Portraits sind ja doch nicht zum ansehen. izt wird wieder laxiert um so viell möglich geld zusammen zu bringen.

den 21:ten May 1791
au weh, au weh, au weh! Neüerdings tribulirt mich die forcht für menschenfressende clavizimbeln, von welchen izt immer häüfiger zu hören. Sonne geschienen und abends dunckel.

den 26:ten May 1791

Habe nunmehro meine persönlichkeit arrondiret vermittelst neüen, selbst gemachten Haar schnitts. Daß ist abscheulich, rief da die frau; das ist eine schande, hieß mich anenzephalischen schandfriseur und jagte mich aus dem Hauß. da lieff ich 30 Kindermeilen, das sind 4,087 Werst, und kam zur Nassau strasse. Dort befindet sich der Demenz Tempel wo man sich kann lassen seelig=sprechen und davor obendrein 250.000 duckaten erhalten. also wies ich meinen Haarschnitt vor, wodurch ich promt die seelig=sprechung erwirckte. Weill jedoch der priester eyllig zum bahnhoff muste, ward die ceremonia im schweins Gallopp vorgenommen und der preis auf 25 kreutzer heruntergehandelt. Nu, warum nicht? Geregnet. Zum Sculpetti, praf sauffen.

den 29:ten Juny 1791

Drückende schulden, nun ist die noth aber im hemd.

den 1:ten July 1791

nichts

den 2:ten July 1791

wo ist das ultimative laxativ???

den 23:ten Aug. 1791

warrten aufs rechte laxativ und die barth=bewilligung vom magistrat. verdrüsliche stimmung. snöt snöt snöt prrrrrrrrrrrrrrrrrrrrrb.

den 30:ten Aug. 1791

vom magistrat noch immer keine bewilligung des barthes mein. hab mich aber vom Beethoven malen lassen. gut getroffen, sagen alle in ansehung des werckes.

den 11:ten Sept. 1791

was will ich mehr? izt trägt auch das Nannerl einen barth ganz wie ich. sie sagt wir scheissen auf die bewilligung vom magistrat. ich muß es bekennen, sie hat recht, aber es wäre halt doch gut gewesen, wenn ich hätte können eine schriftliche Erlaubniß bekommen. ich muß nun darauf verzichten, sonst würde das Nannerl glauben ich traue mir nicht, weil es hier der gebrauch nicht ist. kömmt es auf das äüßerste steht gewiß der kayser für unsere bärthe ein, doch es ist nichts sicheres.

den 14:ten Sept. 1791

alles ist einfältig und dumm, meine gedancken sind unnütz.

den 25:ten Sept. 1791

wie es auch so ist hat uns heute der Salieri das heisl vernägelt. dies gieng zu weit, ich brausete auf. wolltegott der hund, das vieh thäte verrecken. er hat keine religion.

den 27:ten Sept. 1791

bis dato nicht das ultimative laxativ gefunden. unsere umstände sind dringend, unser Caßa steht sehr schlecht oder wie sagt man da? wir sparen so viell es möglich ist an kost, logement, holz und licht. wenns kalt wird mag das scheiss=Pianoforte verheizet werden.

den 7:ten October 1791

letzte nacht hatt ich den allerseltzamsten Traum. Mir traumte ich war in der Gekrönten Hoffnung. da ergrifen mich meine logenbrüder und trennten blitzschnell meinen kopf ab und stellten ihn auf eine console. Es flos darbey kein bluth. dann lasen sie die buchstaaben in meinem kopfe und sagten: es stehet nichts gescheudes darin. Sodan sahe ich mit an wie sie meinen leichnahm in kleine stüke schnitten, alles fleisch von den knochen Schabten und verzehrten. Dazu sangen sie: Rei ri papolk papolk, wer küst das bekümerte licht? In diesen schrocken erwachte ich und rief: gleich scheiß ich an den plafond! Die frau brachte starcken schwartzen koffé und gab mir ein paar tüchtige Ohrfeigen. Curios! Da war ein erschröckliches getös mit glatschen.

den 19:ten Oct. 1791

voller ingrimm fruchtfliegen erschlagen und niedergebrennt

den 20:ten Oct. 1791

neüe oper vom Nannerl im opera hauß gegeben worden. Ich saß im publico wie der Riesenschnauzer des erzbrahmanen Brimmel unter denen uhus. die frau hat abermals ein kind vom Salieri. das ist doch der Niederträchtigste kerl von der Welt.

den 10:ten November 1791

Potz saperment, ich befinde mich in einer ziemlichen verlegenheit. der kayser kam zum nachtmahl und wollte unbedingt ein Kind von mir. Majestät, gab ich zur antwort, das geht auf keinen fall, nie kann ich Ihnen ein kind schenken. Es ist ohnmöglich und ganz wider die natur. – Ich will's auch gut bezahlen, sprach er und gab mir einen Praegusto darauf: 50 Gold dugaten. die naam mir aber die frau sogleich weg und reiste mit dem Beethoven ins Baad.

den 13:ten November 1791

täglich fragt der kayser nach dem kind. es soll so einen barth haben wie ich, verlangt er. Er soll mich lecken ohne End. der Salieri hat alle fenster laaden vernägelt.

den 29:ten Nov. 1791

hoffen wir, aber nicht zu viell!

den 2:ten Dec. 1791

wie ich so nachdenke, wie ich an besten ein sichres mittel zum geld scheissen bekomme, so höre ich was an der thüre. ist das schon wieder der miserable Salieri, denk ich, vernägelt der uns schon wieder die thür? ich lauffe hin und öffne. Da steht ein fremder draussen, ganz unbekannt und finster, und giebt mir ein pacquet. Was ist das, denk ich. ein praesent? pares geld? Ich fragte ihn, mit wem ich die Ehre hätte zu sprechen, er aber spricht kein wort, sondern reicht mir blos das pacquet und verschwindet vor meinen augen.

Curios! also reiss ich das packpapier auf und find ein pulver darinnen und einen zettel darauf stehet: Dieses ist das mittel, wer es nimmt hat Baares geld im überfluss. Sein Glück ist gemacht. Ein freünd. – Das pulver genommen. der arsch brennt mir wie feüer – will ein geld herauß?

den 3:ten Dec. 1791

Heüte war zu erfahren, ganz Nord- und Mitteleüropa sey inzwischen von denen amerikanischen Wilden, welche Indianer genannt, niedergeworffen und besetzt. Eine Invasion Wienns stehe bevor. Beym Salieri Gift besorgt, das werd ich nehmen, wenn der Feind das Weichbild Wienns betritt. O Wuth und Noth!

den 4:ten Dec. 1791

Heute ist das zehn Jahre her, daß ich die Schnapsfabrik von mein Vadder geerbt hab. Seitdem schreib ich ja auch Tagebuch. Das gibt ja immer so viel zum Erleben. Erst heute war wieder was. Gleich nach dem Frühstück bin ich mit mein Freund Friedrich losgefahrn: das ging per Straßenbahn zum Mars! Jawoll! »Mensch, Mozart, altes Haus«, hat Friedrich denn gesagt. Und ich hab gesagt: »Nu sei mal ehrlich, Friedrich, *so* schön hast Du Dir das aber nich vorgestellt, was?« Auf dem Mars haben wir denn das ganze Schnapsvorkommen ausgetrunken, und nu is der Mars ganz alkoholfrei. Und dazu haben wir singen getan: »Ahoi, mein liebes Lebenselixier, ahoi! Ahoi! Und vergift mein nicht und vergift mein nicht!« (Zu singen nach der Melodie von »Adieu, mein kleiner Gardeoffizier«, KV 5014b)

NANNERLS ERINNERUNGEN AN MOZARTS TOD

(In die Sprache unserer Zeit übertragen vom Herausgeber)

Während seiner letzten Lebenstage war Mozart in seltsamer Stimmung, aber auch sehr geschwächt. Seine Hoffnungen hatten sich nicht erfüllt. Er lag auf dem Totenbett (Original-Klappcouch), halluzinierte und schrieb Tagebuch, bis zuletzt. Einen Arzt wollte er nicht, nicht einmal den Puppendoktor.

»Dies ist meine Agonie«, sprach er am Vorabend seines Todes. Für mein Empfinden hatte er etwas von einer Einbeinigen in seiner Stimme. Süßmayer, der (im Gegensatz zu Salieri) auch zugegen war, sagte verlegen: »Ja, ja, nicht wahr: jeden Augenblick kannst du viel Bekümmernis haben und Klumpigkeit.«

»Viel Bekümmernis und Klumpigkeit«, wiederholten wir alle (Constanze, die Kinder, Süßmayer, Beethoven, das Dienstpersonal, der Kaiser und ich) im Chor.

»Ach, Unsinn«, war die Antwort meines Bruders. »Ihr wißt ja gar nicht, wie sterben geht.«

In der nächsten Nacht, am 5. Dezember 1791 um ein Uhr in der Früh, legte er das Tagebuch weg (er hatte soeben noch eine letzte Eintragung gemacht, aus der hervorgeht, daß er bereits nicht mehr fest in Raum und Zeit verankert war), reckte den Arsch in die Höhe und sprach mit deutlicher Stimme: »Wir beleidigen doch nicht Gott mit unserem Scheißen – ich fürcht, der Dreck geht mir aus«. Dann verschied er.

Wir beehren uns allen guten freünden den gähen,
traurigen Todfall Unſeres Seeligen Ehemannes,
Vaters, Bruders und Collegen

Wolfgang Amadée Mozart

hierdurch anzuzeigen.

Er war allzu offens Leibs. Den 5:ten Decebr. 1791
nachts um vier uhr oder ſo hat er den wahren Endzweck
ſeines Lebens erfüllet und ſeiner ſelbſten tot geſchiſſen.
Der Allmächtige Gott hat es ſo haben wollen,
wir bedauern ihn nicht. Wir wollen betten und ihm
dancken daß es ſo gut abgelaufen iſt.
Requieſcat in pace — Unſere arſch ſollen die
Friedenszeichen ſeyn!

Conſtanze Mozart geb. Weber.
Raimund Leopold Mozart.
Karl Mozart.
Xaver Wolfgang Mozart.
Conſloſſa Mozart.
Maria Anna Walburga Mozart.
Ludwig van Beethoven.
Joſef Haydn.
Antonio Salieri.
Bonzo Rembremmerdeng.

Die Beerdigung findet zu St. Marx ſtatt.
Leichenſchmaus beym Sculpetti.